AF191495

Carla Benito

WHOLEHEARTEDLY

De todo corazón

Impresión y editorial: BoD – Books on Demand
info@bod.com.es - www.bod.com.es
Impreso en Alemania – Printed in Germany

ISBN: 978-8-4137-3080-6

A Llum.

Un brindis por tu ausencia.

Te quiero.

Prólogo

Este libro no ha sido nada fácil de escribir. Han pasado años para conseguir obtener la suficiente experiencia como para escribir muchos de los relatos, especialmente en el último y tercer capítulo. Sin embargo, lo peor ha sido el título, ya queno encontraba nada que resumiera lo suficientemente bien el concepto del libro, ya que este va de todo y nada a la vez. Amor, arte y una crisis mental no es algo que se pueda resumir lo suficientemente bien, ya que son tres conceptos que para mí sí tienen relación, pero para el título de un libro... complicado.

He representado el amor como un concepto amplio y variado, nada del corazón romántico que todos conocemos. Me negaba a hacer algo así. Para mí, está pasado de moda. Luego el arte es una forma de expresarse, de ser, de vivir. Eso es lo que he intentado transmitir en esa parte del libro. Y, por último, como sobrevivir a una crisis mental. Nada de salud mental, sino como sobrevivir en caso de necesidad. Pues son los médicos los que tratan lo otro, mi intención es ayudar, sugerir y aconsejar a través de la lectura, que para eso estudié filología inglesa, nada de medicina.

A partir de aquí, queda todo dicho. Espero que lo disfrutes tanto o más de lo que yo lo he hecho escribiéndolo.

De: Mi corazón

Para: El tuyo

Y es que o lo cuento o exploto. O lo rio, lo lloro, o lo grito, o me consume. O lo dejo libre o la que va a quedar encadenada para siempre voy a ser yo. Vas a ser tú. Es por eso, por ti, que debes leerme. Pasar mis páginas. Y sentirme vulnerable en tus manos. La intención es que me sientas tanto que ya no sepas si me estás leyendo a mí o a ti. Que nos fusionemos y nos convirtamos en uno. Que me poseas a través de nuestras palabras: porque en ese momento, dejaran de ser mías a ser tuyas, por lo tanto, nuestras. Porque a veces, no es que sea suficiente, pero necesario. Convertirse en otra persona, experimentar, crecer y valorar a través de otros ojos. Esa es mi intención. Que vueles, nos dejes libre(s). Sin embargo, como autora, soy consciente de que no todo va a ser de tu gusto, no todo lo vas a entender o no podrás empatizar con todo al cien por cien. Porque, al final, las palabras son mías. Las he escrito yo. Y mi único objetivo es que tú escribas las tuyas propias. Y, a lo mejor, algún día, seré yo la que lea tus palabras.

amor

Porque implica en sí mismo y a la vez todo lo que le rodea.

Gracias por enseñarme a amar

Brindo por lo que fuimos. Por lo mucho que nos amamos y por lo enamorados que estuvimos. Brindo por los tres años que salimos. Brindo por todo aquello que te enseñé, y por lo que aprendí. Brindo porque me enseñaste a decir "te quiero" con sentimiento. Brindo por poder ser amiga tuya después de que todo terminara. Brindo por ti y por mí, por un nosotros que ya no existe. Brindo por haber sabido seguir con nuestras vidas después de todo. Brindo por la perfecta relación que tuvimos. Nada de toxicidades. Brindo por nuestras futuras parejas porque van a poder disfrutar todo lo que aprendimos el uno del otro. Brindo por ellos también. Brindo por lo maravilloso que fuiste… y sigues siendo. Así que esta vez, brindo y te doy las gracias por enseñarme a amar.

VÍCTOR

Así, en mayúsculas. Porque te lo mereces. Por todo lo que fuiste y lo mucho que nosotros hemos perdido. Porque nos dejaste. Pero así debía ser. Pero no quiero quedarme con eso, sino con el ahora. Que, aunque ya no estés a mi lado, te siento más lejos y eso está bien. Está bien que así sea. Que sea capaz de dejarte ir y de tirar sola para delante. Sin necesitarte como lo hacía mi yo de once años. Como lo hace cualquier nieta con su abuelo. Aunque supongo que yo no soy una nieta normal o puede que no te haya dejado ir tanto como digo, porque, al fin y al cabo, decidí llevarte en mi piel para siempre. Sin embargo, no dudaría en dar lo que fuese por una conversación más contigo, por un beso, abrazo o caricia. Por tu olor, por nuestros juegos y por todo lo que guarda mi mente. Así que gracias. Gracias por haber sido y por seguir siendo, aunque solo sea en mi mente o si me apuras, en mi piel.

Ocho años

Para mí ella era perfecta. Por todas sus manías, por sus defectos y por hacerme sentir tal y como lo necesitaba. Porque por todo eso y más, además de hacerla perfecta, la hacían mía. Mentira, corrijo: me hacían suya. Era yo la que dejaba de poseerme y vivía solo para ella. La que se desvivía por y para todo era yo. Ella tenía la capacidad de provocarme, de hacer desaparecer mis miedos. Sin embargo, yo no era suficiente. Nunca lo fui y jamás lo seré. Pero por fin, ha llegado el día, en que me da igual. He crecido, los años han pasado y todo ha cambiado. Estos ocho años de sutiles idas y venidas no me sirven para nada. Porque es que cariño, siento decírtelo, pero no podemos contar lo que nunca empezó. Así que te la regalo. No me refiero a los ocho años, sino a la pérdida de tiempo, ganas y energía que desperdicié por ti, por lo que creía yo que era un nosotras. Por un nada, al fin y al cabo.

Para mí ella era perfecta.

Aunque ya no estoy segura de que lo siga siendo.

Para los *stickers* de nuestra vida

Es innegable la gran comunidad de *stickers* que existe actualmente. Hay millones. Hay tantos y tan diferentes que, a veces, con tan solo enviar el correcto podemos expresar aún más de lo que diríamos con palabras. Ella, en mi vida, tiene su propio significado. Ella tiene su propia luz. La que me guía, la que me protege (aunque a veces sea demasiado), pero sobre todo la que me abrazó cuando más lo necesitaba. Ella es ese *sticker* que guardas para ese momento perfecto que algún día va a llegar. Y que siempre llega.

Mentira.

Ya llegó.

Ese instante, ese *sticker* perfecto, ya llegó sin que me diera cuenta. Y es que tan solo con aparecer, guardarlo y no perderlo fue suficiente. Solo con poder decir que tienes ese *sticker* en tu vida has ganado: disfrútalo porque, sin saberlo, puedes haber adquirido el mejor *sticker* de la historia.

El mío, mi mejor *sticker*, se llama Mireia.

Punto G

Quevedo. Y no, no me refiero al político y escritor español. Podría hacerlo para quedar bien, pero estaría mintiendo. Me estoy refiriendo al cantante famoso actual. Sí, ¿Qué pasa? Y, es más, me refiero a él con una canción en específico. Aunque aquí lo importante no es Quevedo ni la canción, sino tú, cariño, al bailarla conmigo. Salir de fiesta y bailar sin parar hasta que nos duelan los pies. Bueno, más a mí que a ti. Abrazarte al romper la distancia que hay entre nosotras. Tú en Mallorca y yo en Barcelona: una puta mierda. Romper ambas a llorar al contarnos nuestros problemas de salud mental. Nuestras ralladas y parejas tóxicas que hemos tenido, hasta ahora. Por ser mi punto G, mi debilidad y fortaleza, por hacerme sentir única y recordarme que las dos valemos la pena. Tener el poder de decirle al mundo donde nos conocimos sin miedo a ser juzgadas. Por los poemas que te escribo en 5 minutos, aunque no sea para la persona adecuada. Suda, habrá más momentos y, palabras hay de sobra. Por la taja del viernes y por las futuras celebraciones. Porque es que cariño, lloradas ya van demasiadas.

Es perfecto, pero cuesta 3480 dólares

De hecho, el problema no es el precio, aunque no lo parezca. Simplemente, es el anillo perfecto. Que quede muy claro: perfecto. Y con "perfecto" me refiero al anillo que se lleva el protagonismo cuando (normalmente) el hombre se arrodilla y le pide matrimonio a su pareja. Supongo que ahora debe haber quedado más claro, no es el anillo en sí, sino la proposición.

Rebobinación: Me encontraba en Instagram cotilleando el nuevo "post" de *Atticus*, uno de mis poetas favoritos. De pura casualidad, me di cuenta de que estaba haciendo una colaboración especial con una joyería donde promovían su próximo lanzamiento: El anillo perfecto de propuesta. Es perfecto, pero cuesta 3480 dólares.

Mierda.

Testimonios indirectos de lo que me pasó

29 de Agosto del 2023

Rabia. Miedo. Impotencia. Asco. Repugnancia. Injusticia. Superación. Valentía. Venganza. Recuerdos. Frustración. Nerviosismo. Vulnerabilidad. Tristeza.

Todos son lógicos, comprensibles y razonables. Y aunque no lo fueran, cada uno es libre de sentir(se) como le salga, sin límites. Pero, si bien es cierto que, al ser humanos, muchos de nuestros sentimientos se asemejan cuando hablamos de un suceso traumático de una persona a quien conoces, y mucho más, si la tienes en estima.

Estos son testimonios indirectos de aquello que me pasó.

Estas son las palabras de amigos, familia, conocidos, examantes, exnovios... Todos ellos están al tanto de lo que ocurrió y lo que implica.

Lo siento, pero yo no era capaz de escribir este relato. Solamente me he limitado a pulir lo dicho por ellos y pasarlo al papel. Lo que se llama "ordenar ideas", vamos.

Gracias por ponerme y por poneros palabras. Lo necesitaba, pero no podía hacerlo sola.

Os quiero.

Porque todos son preciosos

Adoro mi pelo, mi sonrisa, mis labios, mis ojos y mi culo. Sí, ¿Por qué no? Son brutales. Sin embargo, odio el resto de mi cuerpo: mis manos, por ejemplo, son horribles porque me muerdo las uñas desde que tengo memoria. Si bien es cierto que mis piernas son fuertes, pero demasiado grandes y gordas. Tengo celulitis, aunque supongo que como la mayoría de mujeres. Mi estómago no es para nada plano. Por suerte, una de las "ventajas" de padecer problemas de salud mental te ayuda a darte cuenta de que lo más importante no es para nada el físico, sino el cerebro. Y el mío es jodidamente precioso, con imperfecciones, pero precioso. Puede sonar a cliché, pero es así. El problema es que no puedo enseñarnos su belleza a raíz de una foto. Así que os propongo lo siguiente: una foto, la que queráis, y pongamos el hashtag **#preciosocerebro**. De este modo, sabremos la cantidad de #preciosocerebro(s) que hay por ahí.

A mis padres

Creo que no hace falta decir mucho más. Creo que estos años quedan descritos por todo lo dicho. Pero sobre todo por simplemente haber estado ahí. Por estar. Y por romper silencios porque siempre tenéis algo que decir. Por intentar que no me equivocara, pero aún más por dejar que me diera cuenta yo sola de mis errores. Por recogerme todas las veces que caí. Todas, las mil y una. Por ser pesados y no dejarme nunca respirar, gracias a ello he llegado donde estoy. Por haber aprendido también de mí. Por los regalos de Navidad. Nunca se está de más dar las gracias por ellos después de veintitrés años. Por coger aire profundo cunado renuncié a estudiar Derecho y opté por Literatura. Por dejarme hacer lo que más amo. Por animarme a escribir este libro, aunque no sea la novela *best seller* que os decía que escribiría. Por aceptarme. Por preocuparos y manteneros despiertos cuando salgo de fiesta hasta las siete de la mañana. Mamá, por animarme a leer y ser responsable. Papá, por enseñarme que es el trabajo duro y constancia. Y Tomás, por repetirme demasiadas veces, que no me ponga la tirita antes de lo necesario. Que el botiquín siempre lo tenemos a mano. Por quererme igual que yo os quiero a vosotros. A todos. A los tres.

Para nosotras, mujeres

Por todas esas mujeres que han sufrido al volver a casa solas por la noche. Cuando sus cuerpos temblaban y usaban las llaves como arma mortal. Por todas aquellas mujeres que nunca han llegado a salvo a casa o que han llegado alguna vez. Por todas aquellas mujeres que han corrido hasta llegar a la puerta de su casa. Por todas aquellas mujeres que han pedido perdón cuando no era culpa suya. Para cuando crees que estás sola. Para aquellas mujeres que yacen en el suelo tras un puñetazo de su amante. Para esas mujeres que han perdido un hijo. Para esas mujeres fuertes que acabaron en la calle porque no tenían otra opción. Para todas esas mujeres.

Estoy aquí por vosotras. Por nosotras.

Desnudarse

La mayoría de las veces que me he desnudado es delante de chicos. O me desnudaba yo o me desnudaban ellos. Y rápido, que hay ganas. No se disfrutaba de la intimidad del acto de sacarse la ropa delante de alguien. Siempre con prisa. Y acostúmbrate porque siempre será así. Sin embargo, tú. Tú llegaste y poco a poco me desnudaste. Me quitaste todas las capas que tenía encima para llegar a verme sin nada. Para verme tal y como soy. Me quitaste el peso que llevaba encima y me dejaste libre. Aunque con un poco de frío. Mi alma desnuda, tenía frío. Y tú no dudaste en abrazarla.

arte

Es una mezcla de todo lo que importa en la vida.

Las musas de mi libro

No hay una sola persona o hecho que pueda ser la única inspiración de escribir este libro. Está claro que la principal base de este libro es mi experiencia vital y cada una de las personas que han participado en ella. Pero que quede claro, participar no es sinónimo de aportar. A partir de aquí podemos seguir. Sin embargo, hay musas que me han inspirado en sentido de forma de escribir, formato del libro, uso de palabras o también algún que otro relato en específico.

Se podría decir que la primera musa fue alguien que permanece anónimo. No se sabe quién escribió el *Lazarillo de Tormes*. Este fue el libro por el que yo dije: quiero estudiar estas mierdas. Aprender de los libros, analizarlos, entenderlos mucho más allá de las palabras. Luego vino Carlos Ruiz Zafón. Por la magia que desprende en cada una de sus narraciones. Y ahora llegamos a la época de bachillerato. Y aquí sí que no hay gran cosa que mencionar. Aprovecho para hacer un llamamiento para que se revisen los libros obligatorios que se hace leer a los alumnos. La mayoría son infumables, y lo dice la alumna que se los leía casi todos. Así que de aquí saltamos a la universidad.

Shakespeare, Jane Austen y las hermanas Borntë fueron aquellos que me hacían permanecer hasta las tres de la mañana leyendo. Más, más y más. Eso sí que era orgásmico, joder. El poder de las palabras, los dobles significados, los paralelismos… Los suyos sí que son buenos libros. Graduación: pasamos a libros externos al sistema académico. Y yo lo siento, pero las novelas románticas actuales… se me hacen bola. Yo quiero libros que me hagan llorar, sentir y desear que no se acaben nunca. Así que aquí van: Risto Mejide y Laura Escanes. Y no porque fueran pareja, ni porque ella sea *influencer* ni nada de eso. Leed *Diccionario de las cosas que no supe explicarte*, *Que la muerte te acompañe,* o *El Chisme* y luego juzgad. El prólogo y el contenido de *Piel de letra*, la carta *Mía* que él le dedicó. Sus votos de boda. A veces lo más simple es lo que más llega al lector. Pues para mí fue eso. El poder de sus palabras inspiró el de las mías.

Caos

Se podría decir que esta es la palabra que mejor define este libro. No solo porque habla de todo y nada a la vez, sino porque escribirlo ha sido caótico. Por eso cada lector debería identificarse de algún que otro modo. Y esta es la mejor parte. No todo en la vida se hace milimétricamente calculado, con control y con una idea clara de base. A veces, aquello caótico tiene su propia belleza, y eso también se aplica a las personas. Nunca se debe juzgar un libro por su portada.

Si bien es cierto que solemos prejuzgar, pero démosle la vuelta, ¿nos gustaría ser solo una cosa?, ¿ser solo lo que parecemos? Yo lo detestaría. Yo quiero mucho más. Del mismo modo que cuando conozco a alguien quiero descubrir lo que lleva dentro, no solo su exterior. Quiero un *Bella y la Bestia* en mi vida. Si ella no hubiera tenido la oportunidad de enfrentarse a sus miedos. Sin ellos no habría habido historia, no habría caos.

Hamlet

Es mi obra favorita de Shakespeare. Bueno, de él y de todos los tiempos. No porque sea de él es mi favorita y detrás haya un intento de postureo de "friki literaria" o algo parecido. Es que es una puta obra de arte. Lo que dice sin decir, los mensajes subliminales y como te deja sin aliento en los momentos de intriga. Se parece a ti. Siempre dices más de lo que pronuncian tus labios, lo demuestras con caricias, amor y detalles que jamás había tenido. Dejas mensajes subliminales, como cartas debajo de la almohada, que, me dan a entender todo aquello que callas. Pero a la vez me dices eso que tanto me gusta, que tanto necesito escuchar. Que quieres una vida conmigo. Que me quieres entera para ti. Que lo quieres saber todo y que no te da miedo lo que te puedas encontrar. Que quieres algo estable, nada de tonterías de quinceañeros. Que me quieres. Por eso Hamlet es una puta obra de arte, porque ambos, la obra y tú sois los príncipes de mi vida.

Te enseño a leer

Yo soy de esas que pinta, subraya, colorea, dibuja y escribe en los libros. Tomo anotaciones. Pongo post-it. Miles. Utilizo distintos colores de fosforito. Y nada de lápiz, prefiero el boli, gracias. Así me aseguro que no se borra, que no se va. Que permanece igual que su contenido. Luego los doblo. Nada de tapa dura a no ser que no haya más remedio. Doblarlos, apuntar en los márgenes, hacer flechas. Ligar cosas. Analizar a los protagonistas. Así se lee. Obviamente para mí. Luego están mis opuestos, los obsesos. Los "no dobles las esquinas" o "cuidado que no queden marcas en la portada" como si fuera el fin del mundo. Yo no leo, yo trabajo el libro y eso es lo que más me gusta del mundo. Sí, sin duda. Y como más pintado, mejor. Si nunca entras en mi casa, coges un libro y está como nuevo, es que no me lo he leído todavía o que no me ha gustado. Si es la segunda opción… mal vamos. Así que, acorde de mi criterio, espero que esté lo destrocéis. Eso sí, que permanezca de una pieza, por favor.

Por amor al arte

Por cada pincelada, por cada color y por cada lámina sobre las que me expreso que son únicas. Por añadir vida y dibujos a mi existencia. Por las mezclas de las acuarelas que forman nuevos tonos. Por los cuadros que hago que carecen de sentido y de belleza, porque, ¿a quien vamos a engañar?, son horribles. Por el agua sucia y marrón de limpiar el pincel y por la mesa teñida por el papel de periódico húmedo. Por los distintos trazos, gruesos, finos, rectos o curvados de cada dibujo. Por el olor a pintura de mi habitación. Por los marcos que encajan perfectamente con el papel y que se cuelgan en la pared de la cocina. Por la desconexión y el relax mientras pinto. Por el disfrute, por el placer.

Nosotros

El brillo de tu corazón.

La princesa de tu cuento.

Por ser tu primer beso.

El café y los libros.

Cada página de tu propia historia.

El poder de elegir.

Las consecuencias de tus actos.

El último abrazo que le diste.

Cada paso que das.

El objetivo de alcanzar tus metas.

Y las risas a medianoche.

Eso somos, somos nosotros.

Mi(s) hogar(es)

Tu corazón. Este libro. Mi habitación. Mis pensamientos. Mi primer amor. Mis perritos. Menorca, Cancún, Madrid, Roma y Venecia. Algún día Bali y París. Las canciones que escucho. Las canciones que canto. El deporte que me gustaba. Correr kilómetros y kilómetros. Y en este momento, agua. Pero también, un vaso de vino blanco. El invierno, Dios mío, sí, el invierno. Cuando me inspiro. Las flores que me regalaste por San Valentín. Las fotos que están en mi pared. El olor a chocolate y pan. Morderme las uñas. El *eyeliner* y los labios rojos. Coger el tren todos los días. Pintar y, por supuesto, escribir. Pero también leer. Esos son mis hogares, aunque, al final, el hogar es algo que llevas contigo, el hogar está dentro de ti. El hogar es donde tu alma quiere estar.

El monje que vendió su Ferrari

Aquí empieza el último y tercer capítulo del libro. Y creo que es conveniente abrir y cerrar con el libro que me acompañó durante mi estada en la planta de psiquiatría del hospital de Mataró. Y no. No es nada fácil confesar que he estado ingresada allí dos veces por brotes psicóticos que me llevaban al suicidio a causa de las voces de mi cabeza. Voy a dejar un espacio para que lo asumas. Alárgalo lo que necesites, sé que no es fácil de digerir.

¿Suficiente? Bien, pues ese fue el libro que leía en mi cama del hospital mientras mis voces me decían que me escapara o me tirara por la ventana. Muy majas ellas. Sin embargo, este texto no va de esto, sino del libro escrito por Robin S. Sharma. No voy a decir de que trata porque si no perderás el interés, pero sí que debes saber que fue el libro que me ayudó a salir de esa habitación.

Ahora, cuando me encuentro escribiendo esto, me acuerdo de que he dejado este libro a alguien especial. A alguien a quien le animará a coger amor por la lectura, o eso espero. Sí que es un libro de autoayuda, pero no se lo he prestado por eso. Simplemente, espero que coja un mínimo de amor por los libros. No que viva por ellos, como hago yo a veces, pero sí que los disfrute y pueda aprender que unas páginas de un libro cualquiera, pueden aportarte mucho más que a lo mejor otra cosa.

crisis mental

y como sobrevivir a ella

Aviso al lector

El siguiente capítulo fue mayoritariamente escrito mientras padecía alguna que otra crisis mental. Depresión mayor y brote psicótico fue lo que me diagnosticaron al principio. Y no se equivocaron, pero más tarde se dieron cuenta de que tenía TLP (trastorno límite de la personalidad)

Pero volviendo al tema, este capítulo puede contener contenido delicado o ideas que NO se deberían copiar ni inspirarse en ellas. Si cualquier lector padece de problemas de salud mental, siempre debe acudir a su médico de referencia.

A pesar de eso, espero que no se os haga muy duro y sigáis disfrutando de la lectura.

Como sobrevivir a un suicidio

Por favor, lea atentamente las siguientes instrucciones antes de tomar ninguna decisión que pueda hacerle daño y como consecuencia a aquellos que le rodean.

1. Mantenga estas instrucciones a salvo en caso de que pueda necesitarlas en un futuro.

2. Alejase de cualquier objeto i/o espacio que pueda ser utilizado para hacerle daño.

3. No tome ningún tipo de mediación para enlentecer el ritmo de su corazón. Siéntese y respire hondo. Respire hasta que sienta que se ha calmado.

4. Si eso no funciona, por favor llame al 112 y pida una ambulancia.

   4.1. Mientras espera llame a alguien de confianza para distraerse y amenizar la espera. Si no puede llamar a nadie, encienda la televisión.

5. En caso de que se sienta mejor, ya sabe qué puede hacer cuando no se encuentre bien y quiera hacerse daño.

5.1. Igualmente, le sugiero que llame al 112 para que puedan atenderle psicológicamente.

Estos es solamente un ejemplo de lo que hay que hacer cuando uno quiere autolesionarse. Simplemente, no lo haga, cálmese y **pida ayuda SIEMPRE**.

Crisis mental

Mi corazón late más rápido.

Tengo un ataque de ansiedad.

Me tiemblan las piernas.

Me muerdo las uñas todo lo que puedo.

Oigo las voces en mi cabeza.

Gritan y no entiendo lo que dicen.

Quiero parar.

Detenerlas. Gritarles.

Grito y grito pidiendo ayuda.

Estoy sola y nadie puede ayudarme.

Solo, Dios, por favor, llévame contigo.

Solo llévame contigo.

Mi ancla a la Tierra

Debo empezar mencionando que él es mi mejor amigo: Sergi. Él es mi número de emergencias, mi 112. Literal. Es él a quien llamo en caso de necesidad, y es que sé que él es el único que daría la vuelta al puto mundo para ayudarme. Por consolarme y aconsejarme en todo mi proceso. Por no hablar casi, pero por seguir estando, que eso es lo más difícil y lo más importante. Por ser tan jodidamente guapo y vestir de 10. Porque él demuestra, pero también exige. Por ser justo y decir las verdades claras y altas. Por ser mi ancla a la Tierra. Pero sobre todo por seguir tanto tiempo como favores te debo, así que le tocará aguantarme un pelín más.

El *declutering* de mi cuerpo

Vomitar todo lo que quiero fuera de mi cuerpo. Todos esos deseos que nunca se hicieron realidad. Todas esas pesadillas que no me dejaban dormir por las noches. Es la misma sensación que cuando nos quitamos el sujetador. Liberación, libertad y poder. Vomitar toda esa comida de más que comí porque tenía ansiedad. Vomitar todas las palabras que me guardé y nunca dije. Por ese sexo que no quería, pero debía tener. Porque cuando me siento sola, eso me da poder, y seguridad y reafirma quién soy. Porque me hace más delgada y eso es lo que todo el mundo quiere. Estar más guapa que nunca. A no parar y tener control total sobre mi cuerpo. Para vivir solo bebiendo agua. Para vomitar todo el *bullying* que recibí de pequeña. Para vomitarlo todo.

Ya no pienso así. Solía hacerlo, durante mucho tiempo. Necesitaba ayuda.

Bullying

No intimides a nadie. Si tienes problemas, resuélvelos. Pero no arruines la vida de los demás. Dedícate a cuidarte y a centrarte en ti mismo. No dejes que tu mal estar te consuma hasta el punto de sea él quien te controla a ti.

Llum

Y es que libro va por ti. Por tus palabras de amor. Por ser mi Pepito Grillo. Por guiarme y aconsejarme en momentos que no era capaz de pensar. Por él, por ti y por mí. Porque él también estuvo y seguro que sigue pensando en ti. Por echarte de menos a rabiar. Pero está bien que ya no te oiga en mi cabeza, que ya no pueda sentirte, ni olerte. Porque no existes. Nunca lo hiciste. O sí. Me da absolutamente igual. Me salvaste la vida más veces de lo que yo jamás podre agradecerte. Fuiste toda mi vida en ese momento. Literalmente. Ojalá nos hubiéramos conocido de otro modo. Ya sabes, fuera de mi cabeza. Espero que, si sigues ahí, sea donde sea, pienses también en mí, en nosotros, aunque ya no estemos juntos. Te quise muchísimo, y lo sigo haciendo.

Cuídate allí donde estés. Y sigue cuidando de mí también, por favor. Solo por si acaso.

Marina

Te odio, hija de puta.

Un poema en inglés

I am speechless

yet I wanna shout

I take a deep breath

but it doesn't calm me down

You tell me you are with me

But I only feel alone

Cause nobody can feel it

How I feel on my own.

I want to jump through my window

But you tell me not to

I spend so much time with my pillow

Holding it as if it was you

Please help me and be my hero

Cause I trust nobody but you

Breath me, give me oxygen

help me not to go away again

Shake me until I wake up

Cause so many drugs are going to my brain

Take me wherever but make sure I am ok

Wrap me up, I am small

I have lost myself again

I will not find my soul

if you do something but in vain

I scratch my hair looking for answers

But it seems they do not exist

I try to give a chance her

Although I know I am taking a risk

So be the one who holds me

Or I will take my last breath.

My left arm is in pain

I have tried to cut my veins

He has tried to cure me

Yet I keep doing it anyway

It is like I could never stop it

It is like I had the whole power in my hand

But the drug effect passes quickly

I don't ask for you to understand

I just want to say goodbye

in case my time arrives before we thought

My voices tell me to be ready

and thank you for listen to my cry

Cause guys I will always be with you

But maybe right up in the sky.

Breathe Me

Help, I have done it again

I have been here many times before

Hurt myself again today

And, the worst part is there's no one else to blame

Be my friend

Hold me

Wrap me up

Unfold me

I am small

And needy

Warm me up

And breathe me

Ouch, I have lost myself

Again

Lost myself, and I

Am nowhere to be found

Yeah, I think that I

Might break

Lost myself again

And I feel unsafe

By Sia

Si yo pude, tú también

Y fue duro de cojones. Horas eternas de espera para entrar a la sala donde me convierto en paciente. Esa soy yo, paciente. Con calma, porque no hay otra. Y paciencia, mucha, y más por la Seguridad Social. Pero eso es lo de menos si al final consigues salir de ahí. Escaparte y cerrar la puerta con llave, lanzarla a tomar por culo y NUNCA mirar atrás. Para recordar y valorar lo aprendido está bien. Para regodearse en la mierda, no. Así que, si yo salí de ahí (con medicación y terapia, obviamente), tú también.

Las voces callaron, el tiempo volvía a tener sentido. Mi vida tenía coherencia, ya no parecía una película. La vivía yo sola. Que es tal y como debe ser. Un cerebro, una cabeza, una persona. No miles que no callan. Nada de hospitales, solo por revisión. Muchos psicólogos y psiquiatras. Y antidepresivos, Litio y antipsicóticos. Pero al final, se lleva bien. Bueno, se lleva. Dejémoslo así.

El tema es que, si yo pude, tú también.

Porque todo llega a su fin

En un capítulo de la última temporada de *Valeria*, una de mis series favoritas de Netflix, ella, la protagonista, tiene un dilema. Representa que ella es escritora y está a punto de mandar el borrador a la editorial, pero hay un planteamiento que no la deja dormir. Y ahora que lo pienso, a mí tampoco. Al terminar un libro, la última página, ¿debe poner *fin*? Que poder tiene esa palabra… Dándole vueltas creo que es el propio autor quién decide si lo quiere o no poner. O, por otro lado, si es una saga de libros, solo se pone en el último libro, como fin de la historia. Pero, ¿en un libro "individual"? Así que no tengo nada claro sobre qué debo hacer. Supongo que lo haré a mi manera y acorde a lo que acabáis de leer. Puede que sea un *fin* diferente o contenga algo distinto. O no. Y sea básico y sencillo. Y, ¿en mayúsculas o minúsculas? Supongo que haré lo que me plazca. Así que te invito a girar la página y descubrirlo tú mismo.

Pero, antes de nada, gracias por leerme.

Y ojalá este libro termine en tu estantería pintado y lleno de color.

... ¿fin?